AF563501

GEORGE SAND

LA GUERRE

PARIS
LIBRAIRIE NOUVELLE
BOULEVARD DES ITALIENS, 15
A. BOURDILLIAT ET Ce, ÉDITEURS

1859

Paris. — IMP. DE LA LIBRAIRIE NOUVELLE. — A. Bourdilliat, 15, rue Breda.

LA GUERRE

Ce matin, j'étais un poëte, un rêveur. Hier, je n'étais rien du tout, j'étais malade, abattu par la fièvre du beau et perfide mois de mai. Mon lourd sommeil s'était rempli d'un rêve monotone, obstiné. Je croyais marcher dans une foule armée, sous un ciel noir, par une nuit de raffales et de nuées. Des hommes noirs se pressaient à mes côtés, j'étais un homme noir moi-même. Nous avancions, parlant tous ensemble sans tumulte, mais avec feu, et nous nous disions tous, à chaque instant, les uns aux autres : « Avançons, serrons-nous, que personne ne s'arrête, que personne ne se retourne si ce n'est pour appeler, presser et encourager ceux que le vent et la nuit retardent. »

Et cette route sans fin était pleine, pleine à n'y pas mettre un piéton de plus. Pourtant des chariots, des canons, des chevaux, sillonnaient à chaque instant la vague humaine, et on les aidait à la traverser, et tout avançait comme par miracle, la multitude augmentant toujours et touchant, comme un fleuve sombre, aux deux bouts du sombre horizon.

J'étais fatigué, mais la pensée de me reposer ne pouvait pas me venir. Tout marchait, il fallait marcher, et dans cette foule sérieuse à l'œuvre, il y avait de la gaieté française, des rires et des mots. L'un disait: « Ce n'est pas nous qui peinons le plus, c'est la terre forcée de porter tant de monde, et pourtant elle ne dit rien. » —Un autre s'adressant à moi: « Tu vois bien que tant de jambes en mouvement ont la force de porter une armée. » Et, dans le rêve, je trouvais un sens clair et juste à ces vagues plaisanteries. Je sentais que la force active s'impose fièrement à la force inerte, et que beaucoup de jambes portant beaucoup de cœurs, une légion marchait en effet plus vite et mieux qu'un seul homme.

A plusieurs reprises je m'éveillai et me demandai pourquoi, pour qui, avec qui j'avais fait tant de chemin. Le dormir et le rêver me répondaient, un instant après: « Va toujours, tu es un soldat. La nuit est longue et noire, la route se perd dans les ténèbres, mais là-bas, là-bas, au pointer du jour, tu verras l'Italie. »

Ce mot magique nous conduisait tous. « Ne vous inquiétez pas de moi, leur disais-je, j'ai la fièvre et ne sens plus mes mouvements; mais vos jambes me portent et mon fusil tient tout seul sur mon épaule. Le vent qui passe étourdit mes oreilles, mais quelque chose parle dans ma tête et je suis une ombre, une âme qui va où vous allez. »

Quand vint le jour, je ne vis pas l'Italie, mais les horizons bleus de ma tranquille vallée. La fièvre était dissipée, le rêve évanoui, presque oublié, j'allai respirer les parfums de l'aubépine et marcher dans les muguets humides. Je n'étais plus un soldat, j'étais un rêveur, un poëte.

Qu'ai-je à faire, disais-je, de m'imaginer que ma pensée doit suivre cette armée ? que m'importe, à moi qui ne peux rien pour elle et à qui les actes de la force sont à jamais interdits ? Enfants et femmes, poëtes et vieillards, goûtons le repos que le destin nous donne, oublions les grandes énergies de ce monde ; saluons le mois de mai, le rossignol et les primevères. Ce monde, il est fait pour nous, les faibles, des dons éternellement beaux de l'éternellement jeune nature. Et que nous font à nous, artistes, les rois et les nations, les traités et les guerres, le bruit des armes et le canon des forteresses ? Tout cela n'empêchera pas ce brin d'herbe de se baigner en paix dans ce filet d'eau ; et je rêvai tout éveillé que j'étais le brin d'herbe, et que les armées passaient si loin, si loin de mon rivage, que je pouvais me dessécher là, aussi sourd, aussi tranquille, aussi indifférent que je l'étais le jour qui m'y vit naître. Pourtant, quelque chose battait dans mon cœur malgré moi, et c'est en vain que je me conseillais d'être heureux et d'accepter les doux loisirs de la vie. Tout à coup retentit une voix claire qui me criait : « Écoute, écoute vite, je passe ! Je passe et je ris de ton monde de poëte endormi. Le vrai monde que je conduis, c'est la pensée. Le tien n'est qu'un rêve. Ton Éden est vide, et la vie des choses sans celles des êtres pensants, n'est qu'un néant paré pour quelques fêtes de spectres. Écoute et crois, je suis la voix de l'humanité qui s'éveille, je suis la fête et le chant, le cri et le cantique de la vie.» Alors, sans comprendre qu'elle était cette voix qui remplissait de sons éclatants la terre et les airs, je me sentis ému et je lui demandai : « Toi qui passes si vite, dis-moi qui tu es, où tu vas, et de quel droit tu me dis d'ouvrir mon âme à tes paroles. »

« Je suis la guerre, répondit-elle, et je vais franchir les Alpes.

Tu me connais. Je t'ai bercé sur des champs de bataille, au bruit de mes tonnerres et de mes fanfares. Enfant de ce siècle, tu es né au son du canon, et les premiers morts que tu as vus, avaient des balles ennemies dans le cœur ou dans la tête. Dans ce temps-là, on m'appelait la gloire et tu bégayas ce mot sans l'entendre. Aujourd'hui que tes cheveux blanchissent et que ton pas se ralentit, tu veux quelque chose de plus qu'un mot sonore pour me comprendre et me saluer : comprends et salue, je suis la fraternité sublime !

« Les peuples sont frères, les hommes doivent vivre en paix, la gloire sans l'équité n'est qu'une chimère : je le sais mieux que toi, moi qui ai tant sacrifié de victimes humaines. Eh bien, c'est pour cela qu'aujourd'hui je suis debout ; c'est pour cela que je vais embraser le monde et armer encore les hommes contre les hommes, arroser de sang les fleurs des Alpes et les riches guérets de la Lombardie. C'est que le fort a voulu écraser le faible, et moi, l'esprit de lutte et de fierté, l'ange des rémunérations, j'ai secoué le sommeil de l'égoïste, j'ai suscité le vouloir des puissants, j'ai armé la France, j'ai parlé à l'intelligence des riches, à l'héroïsme du soldat, au cœur du peuple : et je vais défendre le faible, je vais délivrer l'opprimé, je vais rendre une terre volée à ses légitimes possesseurs, je vais secourir un peuple qui veut redevenir lui-même. Adieu, je suis pressée, rapide comme l'éclair, résolue comme la foi. Toi, pauvre poëte, regarde fleurir les bluets et courir les nuages, puisque tu ne peux marcher dans mon chemin terrible ; mais que ton cœur me suive, ou qu'il se flétrisse comme le figuier de l'Évangile. »

La voix se perdit dans le lointain, et je sortis comme d'un nouveau rêve. Qui donc avait ainsi traversé ma paix intérieure, et emporté mon âme loin de son doux sanctuaire ? L'ange des armées? Je m'éveillais tout à fait. Cette voix qui m'avait fait entendre tant de choses, c'était celle d'un clairon qui passait le long d'un mur de jardin. Rien de plus.

Rien de plus! mais que fallait-il de plus pour comprendre ce que l'archange m'avait dit par cette voix claire et pénétrante? Elle passe, et des légions la suivent. Elle court, elle avance, et des milliers de héros volent, électrisés par ses vibrations énergiques. Oui, des héros, tous ces petits hommes, pâles encore, mal équipés, tous ces petits Français, dont le corps agile tient si peu de place au soleil, mais dont l'élan miraculeux soulève parfois le monde. Enfants de l'atelier ou de la charrue, ils s'en vont les yeux encore humides des pleurs du départ. — Eh mon Dieu, oui? quitter sa mère, sa fiancée, son champ, ses amis! Quel déchirement, hélas! Et que nous importe l'Italie? Que nous ont fait les Autrichiens? Combien d'années nous allons perdre! Que de gêne chez nous où notre travail faisait tant besoin! Nous reviendrons estropiés, si nous revenons!—Oui, voilà ce que l'on disait hier; mais aujourd'hui le drapeau flotte et le clairon sonne! On se hâte, on s'élance, on arrive; on sent déjà l'odeur de la poudre, il s'agit d'être des héros! Eh bien, la belle affaire! nous y voilà, car nous sommes nés comme cela. Adieu les faiblesses et les attendrissements.

Il faut se battre? Bien, allons! ce n'est pas difficile, et, chose étrange! c'est une ivresse qui monte au cœur. Qui est-ce qui pleure? qui est-ce qui tremble parmi nous? Personne, voyez! Nous avons le sac sur le dos, nous sommes soldats, nous chantons, nous sommes fiers, nous sommes beaux; le baptême du sang va laver tout, et l'égoïsme du paysan, et la gaucherie naïve du conscrit, et la légèreté française du jeune artisan des villes, et même l'inconduite de quelques-uns qui n'étaient bons à rien, disait-on, et qui rachètent ici leurs écarts et leurs fautes par un courage de lion. Oui, oui ! ici tout est vite effacé. Le dévouement ennoblit tout. Tenez ! la mort vole sur nos têtes : tous, nous l'attendons de pied ferme, et ceux qu'elle emportera laisseront un nom purifié par le feu.

Enfants ! vous avez raison. Hier, vous étiez des hommes comme les autres, c'est-à-dire peu de chose ; aujourd'hui, vous voilà bénis, relevés, et le dernier d'entre vous est déjà mille fois plus que l'indifférent qui se croise les bras et qui raille.

Devant une guerre qui n'a pour but qu'une vaine gloire, il est permis au philosophe de dire, en voyant partir les jeunes soldats : « Voilà les victimes de l'orgueil et de l'ambition ! » Mais ici, ce n'est plus possible : c'est une guerre sainte, et tout soldat devient un confesseur de la foi nouvelle. Qu'il comprenne ou non sa mission à l'heure du départ, il la remplira, parce qu'il est de cette race qu'en un instant la lutte électrise, la vérité éclaire et l'enthousiasme sanctifie.

Comme je me disais cela, mes yeux tombèrent sur une petite plante que j'avais arrachée dans les sentiers du Piémont, il y a quatre ans, et qui a bien voulu prendre racine et revivre chez moi. Elle abonde dans les sables rouges du littoral génois. Elle est en fleur aujourd'hui, et elle est de la couleur sanguinolente des terrains qui l'ont produite. C'est le *sérapias cordigère.* Sa corolle présente la forme d'un cœur, en effet ; un cœur sanglant comme celui de la pauvre Italie. Elle y croît sans culture. Nos soldats vont la briser sous leurs pieds sans la voir, et elle recevra des gouttes du sang français sur sa robe de pourpre. Chère petite fleur ! chère Italie ! je sentis mes yeux pleins de larmes. Je pleurais de ne pouvoir être un soldat !

Oui, chère Italie, sœur de la France, on naît chez nous avec ton amour dans le cœur. C'est un instinct passionné qui lutte et qui souffre comme le tien lutte avec l'amour de la liberté. Quand on met le pied sur ton sol et que l'on te voit éteinte et comme morte sous le poids de l'étranger, on est tenté de te maudire et l'odeur de tes sépulcres vous navre et vous glace. Mais si tu fais un mouvement, si tes morts ressuscitent, si tes enfants accablés se relèvent, si tu jettes un cri d'appel et de détresse vers nous, à son tour, notre sang se ranime et bouillonne. Oui, c'est bien une voix du sang, et nous volons vers toi, entraînés par une puissance qui ne raisonne plus, et qui fait bien de ne pas raisonner.

Raisonner sur quoi ? Elle est tombée par sa faute, cette infortunée ? elle nous a méconnue souvent ? elle a été victime de mille erreurs ? elle a été égarée par la superstition, paralysée par le dégoût, vaincue par les délices de son climat, endormie par les pompes de son culte et l'orgueil de ses beaux arts ? — Soit, c'est possible ; mais la voilà qui souffre et qui crie. Entendez-vous ? on la brise, on la torture, cette reine déchue de l'ancien monde, cette déesse de l'intelligence, source immortelle du feu sacré des nations ! Courons, il faut la sauver. Quelle âme française peut se fermer quand cette grande Niobé se tord sur son rocher, et lève vers le ciel ses beaux bras prêts à retomber pour jamais sur ses flancs pétrifiés ! Marchons, et marchons vite ! Quel que soit le lendemain de la bataille et les secrètes pensées des divers champions qui s'unissent aujourd'hui pour la défendre, il ne s'agit pas de régler ses futures convenances, d'enchaîner les formes de son développement ; il s'agit de ne pas souffrir qu'on l'égorge ; il s'agit de la rendre à elle-même, et quiconque parle politique à cette heure, quiconque a un système, un projet, un parti pris, une arrière-pensée en dehors de la croisade, est un impie et un mauvais frère : n'est-ce pas, Garibaldi ?

Courez donc, vous qui avez des ailes ! Suivez ces démons de zouaves, orgueil de la guerre, — ces intrépides et agiles chasseurs de Vincennes que j'ai vus confusément dans mon rêve, mêlés à l'immense ligne des fantassins de toute arme, ces fiers cavaliers, ces puissants artilleurs dont les chariots sonores faisaient trembler et gémir la terre. Et vous, pauvres petits paysans étonnés, coupez vos longs cheveux gaulois et allez en paix. Quand vous reviendrez, vous porterez haut la tête !

C'est que vous aurez vu là-bas de grandes choses. Si rien n'est plus déplorablement illogique que l'Italien asservi, rien n'est plus beau que de le contempler dans le retour de sa volonté et de sa force. Comme le Français, l'Italien ne sait rien être à demi. N'est-ce pas un tempérament d'artiste ? Vous ne le verrez jamais marcher droit et ferme sous le bâton comme les autres esclaves. Il tombe ou il se couche par terre en disant : « C'est assez. Je suis perdu. Marchez-moi sur le corps, mon âme n'est plus ici. » — Mais à la moindre lueur d'espoir, voilà ce moribond qui fait des miracles. Vraiment cette terre italienne est bien celle qui rendait la vie à Antée, et il ne sera pas possible de la réduire. Détrompez-vous, césar allemand, le Vésuve est aux Alpes, et vous ne marcherez point là sans rencontrer l'éruption éternelle toujours grondant sous vos pieds incertains. Voyez déjà ce qui arrive ! Toute cette aristocratie de nom ou d'intelligence qui se lève, s'échappe, se dévoue, donnant tout à la sainte cause, corps et biens, au lieu de pactiser paisiblement avec l'oppresseur, c'est là un grand spectacle. Et cette France que l'on croyait morte aussi dans les tristes émotions du jeu, dans la soif de l'or, dans le luxe, dans la stérile splendeur des monuments et des jardins, cette France matérialiste et railleuse qui se joue de tout et ne sait rien vouloir.... où est-elle aujourd'hui ?

Allez voir de l'autre côté des Alpes, si elle dort ou si elle existe, la vraie France de nos pères, la vieille gloire rajeunie et redorée par l'élan fraternel !

Son rôle recommence, ou plutôt il commence tout à fait, car c'est la première fois qu'elle a écrit sur son drapeau, en marchant vers l'Italie : « *Tout pour elle et rien pour nous !* » Honte et malheur à nous si cette parole n'était pas sincère ! mais elle l'est, le monde nouveau l'a dictée au génie de la guerre, et le Dieu des armées, qu'on invoque aussi dans le camp ennemi, l'entend et la bénit, car c'est sa cause même, c'est la cause de la divine équité qui est au bout de nos baïonnettes. Ne doutons pas, ou tout est perdu. Fermons nos oreilles et nos esprits à ceux qui raisonnent froidement devant la lutte grandiose que l'Europe attend pour être ou n'être pas. Ne nous souvenons pas d'hier, ne nous inquiétons pas de demain. Quels que soient nos théories et le libre sentiment de nos cœurs, vivons aujourd'hui ! Quel que soit le système qui nous gouverne, voulons avec lui ce qui est beau et juste. Il y a ici quelque chose en jeu qui est plus fort que lui et nous. Il nous est permis de crier *Vive l'Italie !* crions-le bien haut et de toute notre âme !

Amis, renoncerons-nous donc pour cela à nos croyances et à nos affections ? Non ! on ne change pas de religion à nos âges. Mais regardons justement ce qui se passe aujourd'hui en Italie. Toutes les opinions personnelles ont fait un religieux silence. Les souverains marchent à côté des libres penseurs, et, dans les mêmes rangs, la monarchie absolue, et la monarchie constitutionnelle, la république tempérée ou fédérative, et le radicalisme unitaire, vont combattre le même ennemi, refouler la même invasion. C'est là un fait grand comme le monde, et il semble que la main de Dieu se soit étendue pour confondre dans une même tâche les croyants du passé avec ceux de l'avenir, les serviteurs du fait avec les apôtres de l'idée. C'est que le temps est peut-être venu où ceux qui voulaient marcher prudemment et ceux qui demandaient à courir seront contraints, par un mystérieux décret de là haut, à s'avancer du même pas vers un certain progrès dont les uns doivent se contenter pour un temps donné et auquel les autres sont fatalement entraînés, dès aujourd'hui, à se soumettre. Un roi chevaleresque et un ministre patriote, deux grands cœurs en vérité, se sont rencontrés, et leur persistance héroïque a réveillé l'Italie. Ils ont appelé à eux ceux qui semblaient ne jamais devoir leur obéir, et quelque chose de magnanime, d'universel, de sacré, l'amour de la patrie, a fait taire toute discussion de part et d'autre. Charité sainte! voici ton premier triomphe depuis bien des siècles et c'est vraiment le règne de Dieu qui commence. Et voici la France, habituée à recevoir de l'Italie le souffle des nouveautés divines, qui tressaille et bondit, en s'écriant comme elle : n'examinons pas, agissons!

Eh bien, quel que soit l'avenir, quelques déchirements, quelques désillusions qui nous attendent (il faut bien en prévoir et s'y résigner d'avance, toute œuvre humaine est soumise à cette loi implacable), ceci est un grand moment dans l'histoire. Plaignons ceux qui ne le comprennent pas, et bénissons cette milice ardente qui, au péril de la vie, va résoudre le plus grand événement du siècle, tandis que nous regardons fleurir les iris au bord des eaux et les fauvettes bâtir furtivement leurs nids sous la feuillée nouvelle. Ils souffrent déjà, nos martyrs de la cause sainte : les jours sont pluvieux et les nuits glacées. Ils dorment là-bas à même la terre, sous le dur climat des grandes Alpes ; ils souffrent et ils chantent, nous dit-on. Au matin, un rayon de soleil, entre deux nuées, réjouit leurs yeux éblouis par les glaces éternelles des hautes cimes. C'est le soleil d'Italie, et, quelque troublé qu'il soit par les caprices d'un printemps plus rude encore que le nôtre, il a un prestige qui réchauffe l'âme. Ils traversent des villes, des hameaux, on leur jette des fleurs, on les salue de cris passionnés, et ils ne sentent plus ni la fatigue de la veille, ni l'appréhension de celle du lendemain. C'est que, comme l'Italien, le Français vit par le cœur, et que ces rudes natures militaires sont les plus impressionnables qui existent. Le mépris de la douleur physique et de la mort, cette vertu des sauvages et des peuples fatalistes, n'est pas, comme on le croit, ce qui caractérise le soldat français. Il aime la vie; il la sent avec une intensité extraordinaire, et pourtant nul ne sait souffrir et mourir comme lui. C'est que les enfants de notre peuple ont l'enthousiasme qui donne du prix au sacrifice; c'est qu'ailleurs, c'est une forte machine qui se brise, et que, chez nous, c'est une chaude existence qui se donne.

Comme je pensais et parlais ainsi avec moi-même, je vis le brin d'herbe auquel, une heure auparavant, j'avais identifié mon humble destinée, se tordre sous un coup de vent et prendre, avec grâce et souplesse, toutes les attitudes de la fatigue et de la souffrance; mais, certain qu'il ne souffrait réellement pas, je le méprisai d'être insensible dans sa vaine beauté, et je remerciai Dieu de m'avoir fait vivre jusqu'à ce jour avec la conscience de mon être; ce jour anniversaire douloureux d'un événement qui avait commencé par un élan populaire aux cris de *vive l'Italie!* et qui finit par une ivresse fatale où périt la liberté des deux peuples.

Aujourd'hui, en dépit de quelques timides protestations et de certaines méfiances mal raisonnées, ce cri suprême est parti encore une fois du sein de la France. République ou monarchie, elle le jette vers les cieux. Il a déjà franchi les monts et la mer, et le monde attentif l'écoute avec une émotion profonde.

Il l'écoute avec stupeur aussi; cela est si grand, si beau qu'il ne peut pas le croire. De l'autre côté du Rhin, on se demande si la France est sincère. Noble Allemagne de Luther, de Leibnitz, de Gœthe et de Lessing, peux-tu en douter? Marcheras-tu derrière l'Autriche dans cette expédition barbare qui a pour but la spoliation de la *terre où fleurit l'oranger*, l'égorgement de la liberté de conscience et le triomphe de l'idée farouche qui dressa des potences et des bûchers à tes pères, les martyrs de la Réforme?

Est-ce possible que l'éternel malentendu des discussions politiques prolonge les luttes impies, fausse toutes les idées, dénature toutes les situations et pousse les peuples aux plus énormes, aux plus criminelles inconséquences morales? Non, nous ne pouvons le croire, nous qui, en dehors de toute polémique de parti, voyons dans la jeunesse allemande une autre sœur de la France et de l'Italie! Philosophes, nos maîtres, étudiants, nos frères, est-ce vous qui fondrez sur Rome pour y forcer le pape à rallumer les bûchers de l'inquisition? Qu'est-ce que ce teutonisme dont on veut effrayer ici le groupe des esprits incertains? Qu'est-ce que cet orgueil germanique, irrité, nous dit-on, de l'attitude généreuse de la France? Ah! enfants de la vraie Allemagne, vous ne comprenez donc pas? Vous, les penseurs par excellence, vous ne voyez donc pas clair dans les faits? Quelle est cette fatalité effroyable qui nous diviserait aujourd'hui, quand vous devriez, comme nous, porter au delà des Alpes, le plus pur de votre sang pour le rachat de la liberté!

On craint chez vous, dit-on, que les armées françaises n'envahissent encore une fois votre sol sacré. Craignez ceux qui feignent de croire possible le retour de ces choses inouïes. La France sait bien ce qui l'a perdue, elle ne veut plus repasser par ces chemins perfides de la vaine et fausse gloire. Ce qu'elle fait aujourd'hui, c'est ce que vous feriez, si l'esprit de la Saint-Barthélemy, se réveillant en elle, elle voulait faire du chef de l'Église romaine le bourreau de tous les dissidents. Aujourd'hui pourtant sa pensée est claire, elle veut que toute croyance soit respectée, la foi catholique comme les autres, mais que rien ne soit imposé par la force brutale, les vexations, la spoliation, le cachot et les supplices. Voilà ce qu'elle veut et même ce qui lui est permis de proclamer : et elle vous défie, vous nés des grandes protestations de la conscience, de jurer que le cri de vos consciences ne lui répond pas : vive donc l'Italie?

GEORGE SAND.

Nohant, 15 mai 1859.

www.ingramcontent.com/pod-product-compliance
Lightning Source LLC
LaVergne TN
LVHW010222230826
846091LV00008BB/3633

* 9 7 8 2 0 1 9 6 9 1 3 1 8 *